BEI GRIN MACHT SICH IHR
WISSEN BEZAHLT

- Wir veröffentlichen Ihre Hausarbeit,
  Bachelor- und Masterarbeit

- Ihr eigenes eBook und Buch -
  weltweit in allen wichtigen Shops

- Verdienen Sie an jedem Verkauf

Jetzt bei www.GRIN.com hochladen und kostenlos publizieren

GRIN

Claudia Remmel, Nicole Riepel, Katja Anton

Erstgespräche in der sozialen Beratung

GRIN Verlag

Bibliografische Information der Deutschen Nationalbibliothek:

Die Deutsche Bibliothek verzeichnet diese Publikation in der Deutschen National-
bibliografie; detaillierte bibliografische Daten sind im Internet über http://dnb.d-
nb.de/ abrufbar.

Impressum:

Copyright © 2008 GRIN Verlag GmbH
Druck und Bindung: Books on Demand GmbH, Norderstedt Germany
ISBN: 978-3-640-18542-9

Dieses Buch bei GRIN:

http://www.grin.com/de/e-book/116753/erstgespraeche-in-der-sozialen-beratung

GRIN - Your knowledge has value

Der GRIN Verlag publiziert seit 1998 wissenschaftliche Arbeiten von Studenten, Hochschullehrern und anderen Akademikern als eBook und gedrucktes Buch. Die Verlagswebsite www.grin.com ist die ideale Plattform zur Veröffentlichung von Hausarbeiten, Abschlussarbeiten, wissenschaftlichen Aufsätzen, Dissertationen und Fachbüchern.

Besuchen Sie uns im Internet:

http://www.grin.com/

http://www.facebook.com/grincom

http://www.twitter.com/grin_com

Fachhochschule Wiesbaden

Fachbereich 11 - Sozialwesen

Bachelorstudiengang „Soziale Arbeit"

Modul 7

Erstgespräche in der sozialen Beratung

„(1730) Soziale Beratung"

2. Semester (SS 2008)

Nicole Riepel   Claudia Remmel   Katja Anton

Abgabedatum: 15.08.2008

Inhaltsverzeichnis

1. Einleitung

In der vorliegenden Hausarbeit, behandeln wir die Thematik eines Erstgespräches in der sozialen Beratung.

Bei einem Erstgespräch soll sich der Sozialarbeiter zunächst einen Überblick über die ihm vorliegende Situation des Klienten verschaffen sowie eine Vertrauensbasis zu diesem aufbauen. Auch dient diese erste Begegnung als Grundlage für weitere Hilfen und Beratungen. Dazu bedient er sich eines gewissen schematischen Gesprächsaufbaus, der unterschiedliche Gesprächsphasen aufweist.

Um diesen Prozess zu veranschaulichen, definieren wir zunächst einmal die Begriffe Einzelfallhilfe und Erstgespräch sowie deren Funktionen. Dazu werden wir die Sozialarbeiter-Klienten-Beziehung analysieren und die Dimensionen beziehungsweise die möglichen Konstellationen an Beteiligten eines Erstgesprächs darstellen. Hierbei wird die Freiwilligkeit des Klienten ebenfalls angesprochen.

Weiterhin möchten wir den optimalen Gesprächsverlauf verdeutlichen. Dieser soll zunächst anhand eines Schaubildes dargestellt und im nachfolgenden Text detailliert erklärt werden. Um diesen zu konkretisieren, nehmen wir zunächst Bezug auf verschiedene Vorgehensweisen und Methoden, die einen optimalen Gesprächsverlauf kennzeichnen. Des Weiteren wollen wir uns mit eventuellen Schwierigkeiten, die während des Handlungsablaufes auftreten können, befassen.

Am Ende unserer Hausarbeit beziehen wir uns, um die vorhergehende Theorie zu verdeutlichen, auf einen Fall aus der Praxis. Bei diesem Fall handelt es sich um ein Erstgespräch in der Psychotherapie, bei dem wir dank Dr. Albers, teilhaben durften. Weiterhin soll dieses Gespräch dazu dienen, einen kurzen Einblick in die Praxis zu erhalten. Hierzu werden wir zunächst den Ablauf des Gespräches dokumentieren sowie die mit dem Arzt gemeinsam angefertigte Ausarbeitung einbringen. Zuletzt möchten wir unsere gegenwärtig empfundenen, persönlichen Eindrücke und Empfindungen beschreiben.

2. Definition einer Einzelfallhilfe

Einzelfallhilfe, auch soziale Einzelfallhilfe oder Einzelhilfe genannt, ist ein klassisches Konzept der Methoden der Sozialarbeit/Sozialpädagogik. Im Mittelpunkt der Arbeit steht der einzelne soziale Problemfall, das heißt die soziale Arbeit mit einzelnen Menschen oder Familien, die in irgendeiner Form persönliche Hilfe benötigen. Dies erfordert eine ganzheitliche Sicht auf das Problem als solches und einen entsprechenden Arbeitsansatz. Je nach Problemlage können andere Problembeteiligte wie die eigene Familie oder der Partner in die Einzelfallhilfe einbezogen werden. Die Einzelfallhilfe ist ein ambulantes Angebot und findet generell innerhalb der sozialen Beratung statt.

Ihr Ziel besteht darin, den Hilfe suchenden Menschen zu befähigen, in einem soweit wie möglich „normalen",“ sozialen Umfeld den bestmöglichen Gebrauch von seinen Fähigkeiten zu machen.

Das Erstgespräch ist ein Teil der Einzelfallhilfe, welche folgende Leistungsbereiche umfasst[1]:

- Sozialpsychiatrische Leistungen zur Selbstversorgung im Bereich Wohnen und Wirtschaften
- Sozialpsychiatrische Leistungen zur Tagesgestaltung und Kontaktfindung
- Sozialpsychiatrische Leistungen zur Förderung von Beschäftigung, Arbeit und Ausbildung
- Förderung der Krankheitseinsicht sowie des Umganges mit der Erkrankung

2.1 Definition eines Erstgespräches

„Als Erstgespräch werden die ersten Gespräche in der Einzelfallhilfe bezeichnet, die mit den Zielen geführt werden, ein Vertrauensverhältnis aufzubauen, die Zuständigkeit zu klären, Anliegen, Ressourcen und wechselseitige Erwartungen in einer ersten Übersicht einzuschätzen und am gemeinsam erkannten Bedarf an einer Zusammenarbeit orientierte Absprachen oder Arbeitsbedürfnisse vorzubereiten, wenn nicht andere Voraussetzungen (...) ein anderes Vorgehen erforderlich machen."[2] Sie dienen generell der Kontaktaufnahme und bilden eine Grundlage für die Lösung der Anliegen des Klienten.

---

[1] vgl. www.sing-lang.uni-hamburg.de/projekte/slex/seitenDVD/konzepte/251/L5103.htm sowie www.einzelfallhilfe.net/einzelfallhilfe.php
[2] Deutscher Verein für öffentliche und private Fürsorge (2002) S. 253

2.2 Funktionen des Erstgespräches

Die Hauptfunktion von Erstgesprächen ist generell der Aufbau eines Vertrauensverhältnisses zwischen Klient und Sozialarbeiter. Dies bedingt jedoch immer die berufliche Fähigkeit, das Verständnis und die Bereitschaft, den Klienten anzunehmen und wahrzunehmen. Diese entgegenzubringende Akzeptanz und die Garantie der Vertraulichkeit sollen dem Hilfesuchenden Schutz und Hilfe bieten.

Neben einer Vertrauensbasis sollte ein Überblickswissen über den Klienten und dessen Situation gewonnen werden. Zudem sollten die Entwicklung gemeinsamer Lösungsansätze und Ziele intendiert werden. Die im Kontext entwickelten Ziele können somit gemeinsam evaluiert werden. Enorm wichtig ist es ebenfalls, dass der Klient weiterhin die Verantwortung für sich selbst übernimmt. Dazu zählen auch vorhandene Ressourcen und Stärken zu erkennen und diesen die gleiche Beachtung zu schenken wie den am häufigsten im Fokus stehenden Belastungen.

Ein ebenfalls im Mittelpunkt stehender Aspekt für die Funktion von Erstgesprächen ist das Klären der Zuständigkeit. So kann es sein, dass der Bedarf nach der Lösung eines Problems nicht von einem Sozialarbeiter gedeckt werden kann und der Fall somit abgegeben werden muss, um ein Ziel erreichen zu wollen. Einsicht in die Begrenzung der eigenen Kompetenz stellt ein enormes Qualitätsmerkmal beruflicher Professionalität dar. Vorsicht ist geboten bei immer wieder kehrender methodischer Dominanz in Beratungskonzepten. Auf jeden Klienten und jedes Problem sollte individuell eingegangen werden, somit ist es unmöglich, sich einer einzigen Methode zu verschreiben. In der Beratung soll deshalb immer vielfältiges und methodisches Handeln angewendet werden.

2.3 Das Verhältnis zwischen Sozialarbeiter und Klient

Um eine optimale Arbeitsgrundlage zwischen Sozialarbeiter und Klient herzustellen, ist das Erstgespräch von enormer Bedeutung. So müssen zuerst die Stärken und Kompetenzen des Klienten anerkannt, publik gemacht und gefördert werden. Hierarchien müssen akzeptiert und Wertvorstellungen respektiert werden. Der Klient muss in seinem Selbstwertgefühl geschätzt werden.

Das Verhältnis zwischen beiden besteht zunächst aus Fremdheit, Unsicherheit und Spannung.[3] Dies ist nicht minder davon abhängig, als dass der Klient seine Angelegenheiten und Probleme als individuell und privat erlebt und somit diese auch ungern mit Außenstehenden rezensiert.

---

[3] vgl. Kähler, Harro Dietrich (2001) S. 22

Jede Problemkonstellation auf Seiten des Klienten beinhaltet Individuelles, Umfeldbedingtes sowie Soziokulturelles. Diese Hintergründe auszublenden wäre eine Einschränkung der Komplexität der Erscheinungsform sozialer Probleme. Zudem muss man unterscheiden zwischen einem Erstgespräch, das einem Klienten verordnet oder angeboten wurde, oder einem, das er aus eigenem Ermessen heraus erbat, da mit dem Gespräch auf diese Weise unterschiedliche Wertschätzungen verknüpft werden.

Gerade daher ist auch die Seite des professionellen Helfers nicht unbedingt als weniger schwierig zu betrachten, jedoch gibt es festgelegte Rahmenbedingungen, die zu berücksichtigen sind. Trotz alledem tragen Sozialarbeiter ihren Klienten gegenüber einen sehr hohen Verpflichtungsgrad. Des Weiteren sollte der Sozialarbeiter den Interessen verschiedenster Personengruppen Rechnung tragen. So muss er schon nach dem ersten Gespräch einschätzen, ob er der Richtige zur Problemlösung ist, oder ob der Fall überhaupt in seinem Aufgaben- und insbesondere in seinem Ausbildungsgebiet liegt. Das alles hat jedoch oft zur Folge, dass Klientenbelange häufig in ihrer Bedeutung relativiert werden müssen. In einem Erstgespräch begegnet man nicht nur isolierten Personen, sondern auch Ängsten, Erwartungen, Interessen und Spannungen deren Umfeldes, mit denen beide Seiten versuchen müssen umzugehen. Ihr Verlauf prägt die weitere Zusammenarbeit zwischen Sozialarbeiter und Klient wesentlich. Sie sind meist nicht auf ein einmaliges Zusammentreffen beschränkt.

2.4 Dimensionen der sozialen Beratung

Die Angebote der sozialen Beratung lassen sich wie folgt systematisieren

1) Hilfen für Kinder und Jugendliche
2) Hilfen für Familien und Alleinerziehende
3) Hilfen für ältere Menschen
4) Hilfen für Suchtkranke
5) Hilfen für psychisch Kranke
6) Hilfen für Personen in besonders schwierigen Lebenslagen
7) Hilfen für Spätaussiedler, Ausländer und Asylsuchende[4]

---

[4] vgl. ebd. S. 34

2.5 Beteiligte

Je nach Zahl der Beteiligten lassen sich verschiedene Konstellationen differenzieren[5].

Die mit Sicherheit am häufigsten gewählte Konstellation von Beteiligten in einem Erstgespräch, ist die des Sozialarbeiters mit einem einzelnen Klienten. Der Klient wird hier als Primärklient bezeichnet[6]. Jedoch gibt es zahlreiche weitere Konstellationen, wie die des Sozialarbeiters und mehrerer Personen (Partner, Familienmitglieder etc.). Hierbei ist es enorm wichtig, jede Partei zu Wort kommen und ausreden zu lassen, um Chaos zu vermeiden.

In eher seltenen Fällen kommt es auch vor, dass Erstgespräche zwischen einem Klient und mehreren Fachkräften stattfinden.

Ebenfalls selten sind sogenannte Helferkonferenzen, bei denen mehrere Fachkräfte und auch mehrere Klienten gemeinsam ein Gespräch führen. Hier ist jedoch oftmals davon auszugehen, dass im Voraus diverse Einzelgespräche geführt wurden. Grundsätzlich gilt, wenn mehr als zwei Parteien an einer Sitzung beteiligt sind, ist es notwendig, die Personen einander vorzustellen und deren Aufgaben verständlich publik zu machen.

Eine weitere, sehr wichtige Form des Erstgespräches stellt die Beratung mit Dolmetschern dar, sie bedient sich allerdings einer etwas anderen Gesprächsführung. Zu beachten ist, dass der Dolmetscher lediglich in der Rolle des Übersetzers bleibt und nicht in das direkte Sozialarbeiter - Klienten - Verhältnis eingreift.

2.6 Die Freiwilligkeit des Klienten

Wie bereits zuvor erwähnt, lassen sich auch hier einige Unterschiede feststellen.

Man unterscheidet im Grunde den Grad der Freiwilligkeit, welcher entscheidend ist für Verlauf und Charakter des Erstgespräches und den folgenden Gesprächen. Die erbetene Beratung ist das Erste und das Wichtigste für einen Erfolg der Beratung. Hierbei untergliedert man zwei Merkmale: Zum einen das Ingangsetzen des Gesprächs, welches kein generelles Problem darstellt, und zum anderen das angemessene Reagieren auf das, was die Klienten als ihr Problem vortragen. Das Letztere verursacht oft große Probleme. Der Klient artikuliert eine geballte Ladung an Not und Problemen. Der Hilfesuchende stellt Alltagserfahrungen derart komprimiert dar, dass die kognitive Überforderung des Sozialarbeiters in dieser Situation enorm ist.

---

[5] vgl. Sickendiek/Engel/Nestmann (2002) S. 93ff
[6] vgl. Kähler, Harro Dietrich (2001) S. 78

Dagegen können auch ganz intime Gefühle und Emotionen können ohne Weiteres besprochen werden. Die Klienten wirken erleichtert darüber, ihr Anliegen einem professionellen Helfer mitgeteilt zu haben, sie stehen der Situation freundlich und entspannt gegenüber. Das selbst erbetene Erstgespräch ist also für eine erfolgreiche Behandlung die optimale Voraussetzung. Hier wirkt Hilfe durch Selbsthilfe.

Eine ebenfalls viel versprechende Situation ist die des angebotenen Erstgespräches. Hierbei liegt jedoch die Initiative bei dem Sozialarbeiter, er muss einen Schritt auf den Klienten zugehen und ihn von der Signifikanz des Erstgespräches überzeugen. Lehnt der Klient dies aber ab, so sollte er in seinem Wunsch respektiert sowie ihm die Möglichkeit eingeräumt werden, das Gespräch zu jedem ihm passenden Zeitpunkt neu anzugehen.

Die letzte Variante basiert auf Zwang, das angeordnete Erstgespräch führt somit seltener zu einem nennenswerten Erfolg. Der Sozialarbeiter wirkt hier nicht als Helfer, sondern als Vertreter einer Behörde, also nicht als jemand, dem man etwas Vertrauliches erzählen möchte. Diese beiden Voraussetzungen sind eine denkbar schlechte Basis für ein Erstgespräch. So muss der Sozialarbeiter das Gespräch eigens initiieren und gestalten, gewisse Freiräume schaffen, um das Gespräch für den Hilfebedürftigen angenehmer und Vertrauen erweckender zu machen.

So ist schlussfolgernd festzuhalten, dass die Freiwilligkeit den Erfolg des Gesprächs am ehesten gewährleistet.

Hinsichtlich der Freiwilligkeit des Klienten zeigt sich möglicherweise der entscheidende Unterschied zwischen therapeutischen und sozialarbeiterischen Settings. Während die meisten Therapien Freiwilligkeit unabdingbar machen, muss soziale Arbeit auch dann tätig werden, wenn die Freiwilligkeit nicht oder nur bedingt vorhanden ist.

3. Der Aufbau eines Erstgespräches

Zunächst möchten wir den Gesprächsaufbau anhand einer Grafik verdeutlichen. Im Anschluss werden wir diesen dann genauer erläutern und auf die einzelnen Punkte eingehen. Hierbei ist

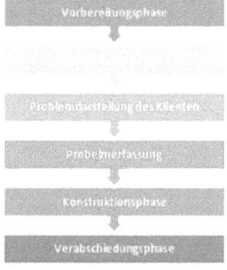

anzumerken, dass kein Autor, außer Mücke, ein einheitliches Schema für ein Erstgespräch beschreibt. Aus diesem Grund haben wir uns verschiedener Autoren bedient, die in ihren Publikationen auf das Thema Erstgespräch eingegangen sind. Durch einige Vergleiche hat sich dann doch ein ungefähres Schema heraus kristallisiert, an das sich in Regel gehalten wird.

Die Thematik des Erstgespräches ist ein sehr komplexes Thema, weshalb man erst nach längerem professionellem Handeln das notwendige Fingerspitzengefühl für dieses erlangt. Um ein Erstgespräch nach professionellen Handlungsgrundlagen praktizieren zu können, sollte man sich bei dessen Aufbau und Ablauf an gewisse Handlungsmuster halten.

Zunächst sollte sich der zuständige Sozialarbeiter ausführlich auf den Klienten vorbereiten. Das bedeutet, er sollte eine ungefähre Übersicht und Informationen darüber haben, was den Klienten dazu veranlasst (Eigeninitiative, Überweisung, Auflage) hat, ihn aufzusuchen.

Auch ist sicherzustellen, dass die materiellen Voraussetzungen gegeben sind. Dazu sollten ein Raum, genügend Stühle sowie Arbeitsmaterialien zur Verfügung stehen, die während des Gespräches benötigt werden. Des Weiteren sollte unbedingt darauf geachtet werden, Störungen während der Dauer der Unterhaltung zu vermeiden[7].

Ist dann der Zeitpunkt gekommen, an dem sich Klient und Sozialarbeiter das erste Mal begegnen, sollte man sich höflich vorstellen, und um einen einfachen Gesprächseinstieg zu erhalten, einen kleinen Smalltalk beginnen. Hierbei genügt es schon zu fragen, ob der Klient eine gute Anreise hatte. Auf diese Weise wird es dem Klienten leichter fallen, sich auf die ihm sehr ungewohnte und meist auch peinliche Situation einzulassen. Es ist völlig normal, von Schuldgefühlen, Unsicherheit, Autoritätsängsten und Furcht begleitet zu werden. An dieser Stelle ist der Sozialarbeiter gefragt, der diese Kombinationen von Ängsten entschärfen soll, um durch Geschicklichkeit, Taktgefühl, rasches Urteilsvermögen und Gewandtheit, einen ersten Gesprächskontakt herzustellen[8]. Dies kann zum Bespiel durch die Anerkennung dafür geschehen, dass der Klient die Einsicht und den Mut hatte, überhaupt eine Hilfe in Anspruch zu nehmen.

Weiterhin sollte man, um eine transparente Gesprächsatmosphäre aufzubauen, die Rahmenbedingungen erläutern. Hierbei wird der Gesprächspartner über Ziel, Möglichkeiten und Grenzen der Beratung informiert sowie auf die Schweigepflicht aufmerksam macht[9]. Auch

---

[7] vgl. Pantucek, Peter (1998) S. 5
[8] vgl. Nicholds, Elisabeth (1970) S. 19
[9] vgl. Pantucek, Peter (1998) S. 6-7

sollte angemerkt werden, dass der Klient nicht mehr zu sagen braucht, als er möchte[10]. Auf diese Weise soll eine Vertrauensbasis geschaffen werden (*Begrüßungsphase*).

Ist diese erste Hürde genommen, geht es an die *Falldarstellung*. Während dieser Phase des Erstgesprächs soll es dem Klient ermöglich werden, seinen Fall genau darzustellen. Um den Klienten die hierfür notwendige Sicherheit zu geben, sollte sich der Beratende an gewisse Grundregeln halten.

1. Höflichkeit
2. Interesse und Aufgeschlossenheit vermitteln
3. Dem Klienten das Gefühl geben, dass er als ein Individuum und nicht als ein Fall wahrgenommen wird
4. Aufmerksamkeit
5. Dem Klienten die Chance geben, Gefühle und Affekte auszudrücken, ohne den Anschein entstehen zu lassen, verraten und verachtet zu werden
6. Raum geben, um Ärger und Wut Luft zu machen[11]

Um weitere objektive und subjektive Informationen zu erhalten, kann sich der Sozialarbeiter eines gewissen Fragenrepertoires bedienen. Dazu kann er geschlossene, offen reflektierende, Ressourcen aufdeckende sowie bilanzierende Fragen stellen, um die Probleme zu sondieren. Weiterhin sollen diese Fragen zu umfassenden Aussagen anregen, um den Kern des Problems herauszufinden. Dennoch sollten die gestellten Fragen den Klienten nicht daran hindern, seine Sicht der Dinge und seine individuelle Denkweise auszudrücken sowie über schon unternommene Lösungsansätze und seine Meinung über geeignete Maßnahmen oder Therapien zu sprechen[12].

Um den Klienten während des Gespräches zu unterstützen, kann man ihm Impulse des Verstehens vermitteln, um ihn auf diese Weise zum Weiterreden anzuregen[13].

Hat der Klient sich nun weit genug geöffnet, um sein Problem klar und ausführlich darzustellen, kann der Berater dieses kategorisieren und gemeinsam mit dem Betroffenen einen ersten kleinen Lösungsfokus erarbeiten. Um Probleme richtig zu verstehen, ist es allerdings notwendig, auch die subjektiven Reaktionen und Bewältigungsversuche des Ratsuchenden einzubeziehen. Hierbei ist es wichtig, dem Klient zu signalisieren, dass man ihn nicht als Versager wahrnimmt und seine Probleme nicht als unlösbar einschätzt. Während des Gespräches sollte der Berater darauf

[10] vgl. Ansen, Harald (2006) S. 137-138, zit. n. Mutzeck (1999) S. 89
[11] vgl. Nicholds, Elizabeth (1970) S. 22
[12] vgl. ebd. S. 23
[13] vgl. Ansen, Harald (2006) S. 145

achten, die Situation des Klienten nicht als „Problem" zu bezeichnen, um den Klienten emotional nicht zu schwächen, sondern von „Aufgaben" ausgehen.

Weiterhin ist anzumerken, dass die Einschätzung des Problems zunächst immer nur vorläufig erfolgt, da es durchaus möglich ist, dass sich in weiteren Sitzungen Sachverhalte ergeben, die das Problem in ein anderes Licht rücken[14].

Diesen Gesprächsabschnitt bezeichnet man als *Problemerfassung*. Da das Erstgespräch lediglich einen Überblick über die Gesamtsituation bieten soll, werden zu diesem Zeitpunkt noch keine gemeinsamen Problemlösungsansätze entwickelt. Dies folgt in weiteren Sitzungen.

Daraufhin folgt die *Konstruktionsphase*, in welcher versucht werden soll, dem Klienten die nötige Hilfestellung zu geben, um ihn zu befähigen, seine Probleme selbst zu lösen. Kurz, der Sozialarbeiter soll mit ihm gemeinsam eine Lösung konstruieren. Hierbei wird der Fokus auf die nahe Zukunft gelegt. So kann man sich darauf beziehen, was der Klient in den nächsten Tagen tut, welche Schwierigkeiten dabei auftreten könnten und wie er diesen entgegentreten könnte[15].

Falls dies für den Hilfesuchenden ungeeignet scheint, ist es möglich, einen methodischen Hilfeprozess zu erarbeiten. Stellt sich heraus, dass dem Hilfesuchenden hier nicht geholfen werden kann, kann dieser an einen anderen Sozialarbeiter beziehungsweise an eine andere Dienststelle oder an einen Psychotherapeuten weiter überwiesen werden[16].

Vermittelt der Klient das Gefühl, es sei alles gesagt, oder ist schlicht die Zeit vorbei, kann der Sozialarbeiter das Gespräch zum Abschluss bringen, indem er beispielsweise getroffene Vereinbarungen oder gemeinsam erarbeitete Probleme noch einmal wiederholt. Hier bietet es sich ebenfalls an, einen weiteren Termin auszumachen. Dieser muss nicht unmittelbar stattfinden, es kann auch durchaus gut sein, zwischen dem Erstgespräch und dem weiterführenden Gespräch zwei bis vier Wochen verstreichen zu lassen. In dieser Zeit können Klient sowie Sozialarbeiter das Geschehene noch einmal Revue passieren lassen und das Besprochene mit etwas Abstand betrachten. Um den Klienten bis zum nächsten Treffen nicht „allein" zu lassen, bietet es sich an, ihm eine Aufgabe mit auf dem Weg zu geben. Diese muss nicht von großer Bedeutung sein, zum Beispiel kann man ihn darum bitten, bis zum nächsten Termin in der Zeitung nach Wohnungen zu schauen[17]. Weiterhin sollte man ihm zu verstehen geben, dass er während seines Veränderungsprozesses nicht allein steht und ihn ermutigen,

---

[14] vgl. Ansen, Harald (2006) S. 141
[15] vgl. Pantucek, Peter (1998) S. 15-16
[16] vgl. Nicholds, Elizabeth (1970) S. 22
[17] vgl. Pantucek, Peter (1998) S. 22

aktiv etwas zu verändern. Zu guter Letzt sollten noch ein paar allgemeine Floskeln das Erstgespräch abrunden.

4. Mögliche Probleme eines Erstgespräches

Da ein Erstgespräch ein sehr heikles Thema ist, treten bei diesem nicht selten Probleme auf, welche zahllos und ganz unterschiedlicher Natur sein können. Es ist beispielsweise möglich, dass zwischen Sozialarbeiter und Klient von Anfang an eine Antipathie herrscht. Auf dieser Basis ist es dann fast unmöglich, Vertrauen aufzubauen und somit die Grundlage der Hilfe zu schaffen.

Problematisch kann auch sein, wenn der Klient nicht aus freien Stücken, sondern auf Grund von Überredung, Druck oder sogar Zwang den Sozialarbeiter aufsucht[18]. Dieser Grad der Freiwilligkeit kann dann sehr stark über Verlauf und Charakter sowie über die folgende Beratungszusammenarbeit entscheiden[19].

Während des Erstgespräches sollte der Berater unbedingt darauf achten, den Klienten nicht zu kategorisieren und allzu sehr auf dessen singulären Randbedingungen zu achten. Auf Seiten des Sozialarbeiters existiert über Problementwicklungen, Verlaufskurven und Handlungsentwicklungen ein großes Wissenschafts- wie auch Erfahrungswissen. Somit ist es für ihn nicht einfach, den Klienten individuell zu betrachten, was aber unbedingt erforderlich ist, da immer damit gerechnet werden muss, dass sich eine Situation beziehungsweise ein Problem anders entwickelt als zuerst angenommen[20].

Zwischen Berater und Klient sollte beim ersten Kontakt darauf geachtet werden, dass nicht zu viel Zuwendung vermittelt und die Beziehung nicht zu intensiv wird. Dies kann nämlich zur Folge haben, dass, falls der Klient an einen anderen Berater oder eine andere Dienststelle überwiesen werden muss, die Beziehung abgebrochen wird, was für den Betroffenen unter Umständen eine weitere große Belastung darstellen könnte[21].

Selbstverständlich gibt es noch eine Reihe weiterer Probleme, diese aber darzustellen, würde den Rahmen dieser Hausarbeit überschreiten.

5. Fallbeispiel eines Erstgespräches einer Patientin mit Angstzuständen

Im Rahmen unserer Hausarbeit haben wir bei Dr. med. Ludger Albers, einem Facharzt für Psychotherapie und Psychiatrie, angerufen und ihn darum gebeten, bei einem Erstgespräch mit

---

[18] vgl. Kähler, Harro Dietrich (2001) S. 30, zit. n. Germain/Gittermann (1983) S. 46
[19] vgl. Kähler, Harro Dietrich (2001) S. 91
[20] vgl. Sickendiek/Engel/Nestmann (1999) S. 176
[21] vgl. Nicholds, Elizabeth (1970) S. 21

einer Patientin oder einem Patienten teilnehmen zu dürfen. Unsere Bitte klärte er zuvor mit einer Patientin ab, die dem auch ohne Einwände zustimmte.

Die Patientin leidet unter Angstzuständen und Panikattacken, die sie nun tiefgründiger durchleuchten möchte, um lernen und verstehen zu können, wie sie mit ihnen umgehen kann. Derzeit befindet sie sich in einer Psychotherapie, die bisher bei ihr, wie sich im Laufe des Gespräches herausstellte, positive Auswirkungen hat. Sie hatte zuvor schon Gespräche bei ihrem Hausarzt und wurde nach einer Panikattacke von der Notaufnahme eines Krankenhauses in eine Psychiatrie überwiesen. Da sie jedoch den Aufenthalt in einer psychiatrischen Einrichtung ablehnte und außerdem hintergründigere Informationen über ihr Krankheitsbild erhalten möchte, entschied sie sich aus freien Stücken ein Gespräch bei oben genanntem Arzt zu führen, der in Tiefenpsychologie qualifiziert ist. Er hatte bereits Einsicht in ihre Krankenakte und hat zuvor einige Informationen von der Patientin am Telefon erhalten.

5.1 Ablauf des Gesprächs

Die Patientin führte ohne unsere Anwesenheit ein ca. fünfminütiges Gespräch mit dem Arzt, in welchem sie sich einander vorstellten und vertraut machten. Daraufhin betraten wir erst den Raum und nahmen an der Seite Platz. Aus dieser Perspektive konnte man den Arzt und die Patientin gut beobachten, ohne das Gespräch zu sehr zu beeinflussen.

Da die Patientin nicht wusste, wie und womit sie in ihren Ausführungen anfangen sollte, stellte der Arzt einige hinführende Fragen. Daraufhin erzählte sie, wann die Symptome das erste Mal auftraten, beschrieb die Ängste und Gefühle genauer, erklärte, wann sich diese hauptsächlich bemerkbar machten und schilderte die Reaktionen der Mutter auf diese Symptome.

Nachdem sie diese Fragen beantwortet hatte, trat eine kurze Schweigepause ein, woraufhin die Patientin aus freien Stücken anfing zu erzählen, wie sie sich selbst sieht und was in ihr vorgeht. Als die Patientin daraufhin wieder eine Redepause machte, übernahm Herr Dr. Albers wieder die Gesprächsführung, indem er noch ein Mal das zuvor Geschilderte wiederholte und ihr eine weitere Frage nach einem Lebensereignis stellte, das ihrer Meinung nach Auslöser dieser Gefühle sein könnte.

Sie überlegte einen Moment und stellte dann fest, dass ihr heutiger Ex-Freund der Auslöser gewesen sein könnte, da sie sich von ihm im Stich gelassen fühlte. Er habe nach dem Tod ihres Vaters und in anderen für sie belastenden Situationen nicht zu ihr gestanden.

Nach dieser Feststellung übernahm der Arzt wieder die Gesprächsführung und machte der Patientin bewusst, dass sie (wie sie zuvor vermutete) nicht verrückt sei, sondern dass es in Anbetracht ihrer Situation und ihrer bisherigen Erlebnisse nicht ungewöhnlich sei, dass solche Gefühle auftreten. Er erklärte ihr in leicht verständlichen Worten die Funktionsweisen des menschlichen Gehirns und warum es zu solchen Reaktionen von Gefühlsäußerungen kommen kann. Durch diese einleuchtende und plausible Schilderung nahm er der Patientin das Gefühl, unnormal oder verrückt zu sein.

Nun stellte er ihr die Frage, was sie denn bisher aus eigenen Kräften gegen diese Ängste unternommen habe. Sie erzählte, dass sie sich in der Gegenwart ihrer Mutter nicht wohl fühle und bei ihr nicht den notwendigen Halt und Schutz finden würde. Desöfteren seien sogar Zweifel bei ihr aufgekommen, dass sie nicht deren leibliche Tochter sei, sondern nur von ihr adoptiert worden sei. Außerdem greife die Mutter selbst, die sich in ihrem Leben häufig überfordert und hilflos fühle, ständig auf die Hilfe und den Schutz ihrer Tochter zurück. Diese fühle sich mit der Krankheit ihrer Tochter überfordert und fuhr auch gegen den Willen der Tochter mit ihr zur Psychiatrie. Sie erklärte, dass sie selbst und ihrer Krankheit nicht mehr traute, Panikattacken bekam, wenn sie alleine war und sie das Gefühl überkam, in ihrem eigenen Körper nicht mehr sicher zu sein. Da sie sich zudem allmählich in Anwesenheit der Mutter zunehmend unsicher fühlte, beschloss sie für einige Zeit bei einer Freundin zu wohnen.

Nach dieser etwas komplexen und von unterschiedlichsten Gefühlen behafteten Schilderung der Beziehung der Hilfesuchenden zu ihrer Mutter, wiederholte der Arzt diese Ausführungen noch ein Mal. Dabei versuchte er der Patientin begreiflich zu machen, dass die Gefühle, die sie in Situationen der Hilflosigkeit überkommen, teilweise auf das Verhalten der Mutter zurück zu führen sein können. Die Ängste und das Gefühl der Überforderung die die Mutter gegenüber der Krankheit ihrer Tochter hat, können auf sie übertragen werden.

Die Patientin brachte nun im weiteren Verlauf des Gesprächs immer wieder „neue" Gedankengänge hervor. Sie vermutet, dass das distanzierte Verhältnis gegenüber ihrer Mutter daher käme, weil ihr verstobener Vater Iraker war und sie sich durch das „nicht rein deutsche Blut" nicht in unserer Kultur einfinden kann. Daher käme ihrer Meinung nach auch die Neigung zu ausländischen Männern. Außerdem stelle sie, immer wenn sie im Fernsehen Reportagen über Krankheiten sehe, eine Verbindung zu sich her und hat dann Angst, dass sie diese Krankheit auch haben könnte.

Auch diese Symptome konnte Herr Dr. Albers der Patientin anhand ihres Krankheitsbildes, was eine stark ausgeprägte Ambivalenz zur Folge hat, plausibel und verständlich erklären.

Da die Patientin seit längerer Zeit Antidepressiva einnimmt, welche ihr Hausarzt ihr verschrieben hat, stellte er nun einige Fragen über die Verträglichkeit und ob sie das Gefühl habe, dass die Medikamente ihr helfen würden. Sie schilderte kurz ihre momentane Situation, dass sie die Medikamente gut vertrage, dass sie nun wieder durchschlafen könne, keine Panikattacken mehr bekomme und auch wieder einen Arbeitsplatz gefunden habe.

Auch erkundigte er sich darüber, ob ihr die Psychotherapie, die sie derzeit mache, geholfen habe und ob sie daraus bisher Erfolge verzeichnen könne. Die Patientin bejahte diese Frage und sagte, dass sie seitdem selbstsicherer geworden und aus der Wohnung ihrer Mutter ausgezogen sei. Sie habe gelernt Verantwortung für ihr Leben übernehmen zu können und lasse sich nicht mehr alles gefallen.

Auf die Frage, warum sie sich für die Psychotherapie entschieden, jedoch einen stationären Aufenthalt in einer psychiatrischen Einrichtung ablehne, antwortete die Patientin sehr selbstbewusst, in einer Psychiatrie habe sie ständig das Gefühl verrückt zu sein, was ihr letztlich ihr letztes Fünkchen Selbstbewusstsein rauben würde. Da sie jedoch ständig dem Druck ihrer Umwelt und ganz besonders dem ihrer Mutter ausgesetzt fühlte, sich helfen lassen zu müssen, gab sie schließlich dem Druck nach und begann eine Psychotherapie. Nach und nach könne sie sich inzwischen gehen lassen und begreife nun, dass viele Angst- und Stressaktionen von der Mutter auf sie übertragen wurden.

Hier beendete der Arzt das Gespräch für einen Augenblick, um uns noch eine Gelegenheit zu geben, der Patientin für uns wichtige Fragen zu stellen. Da wir jedoch keine Fragen mehr hatten, bat uns der Arzt nach draußen, um noch einige Worte mit ihr alleine sprechen zu können.

5.2 Auswertung des Gespräches mit dem Facharzt

Während der Arzt mit seiner Patientin einige Worte unter vier Augen besprach, nutzten wir die Zeit, um unsere Beobachtungen gemeinsam zu analysieren. Nachdem er die Patienten an der Tür verabschiedete, bat er uns wieder zu sich herein. Da wir dem Arzt schon am Telefon geschildert haben, worum es in unserer Hausarbeit gehen soll, stellte er uns die Frage, was wir denn nun über den Verlauf des Gespräches sagen können.

Da wir uns bisher noch nicht sehr weit in den Themenbereich des Erstgespräches eingelesen haben, schilderten wir, was wir gesehen und wie wir einzelne Situationen empfunden haben. Wir rekonstruierten die Schritte, die er unserer Meinung nach unternommen habe, um das Gespräch mit der Patientin aufzubauen.

Nachdem wir unsere Ausführungen beendet hatten, erklärte er uns, dass er sich in seiner Berufslaufbahn weder vor noch während eines Gespräches Gedanken darüber mache, wie er zu handeln habe. Er verlasse sich auf seine Intuition und seinen Verstand. Er schilderte uns, dass er das Gefühl und den Eindruck, den er bei der Begrüßung eines Patienten an der Tür empfinde, intuitiv in das Gespräch aufnehmen würde. Er merke, ob ein Patient vor der eigentlichen Schilderung seines Anliegens ein persönliches und „Vertrauen-schenkendes" Gespräch benötige oder ob er sofort sein Anliegen schildern möchte. Er betonte, dass für den Verlauf der Sitzung außerordentlich wichtig sei, auf dem richtigen Weg auf den Patienten zuzugehen, da der Patient sich bei einer Fehleinschätzung des Arztes schnell missverstanden und „verarscht" vorkäme.

Er erklärte uns anhand eines Schaubildes von Uexküll und Wesiack[22], wie wichtig es sei, dass Arzt und Patient ihre Wirklichkeitskonstruktion aufeinander abstimmen, um eine wirksame therapeutische Interaktion zu erzielen. Um dies noch deutlicher zu machen, beschrieb er diesen Vorgang mit „Die Teezeremonie in der ärztlichen Praxis" von Uexküll[23] sowie mit einem Text von Ruth Cohn[24].

Des Weiteren schilderte er anhand eines Schaubildes von Karl Wesker[25] die Funktionsweise des menschlichen Gehirns. Der Bewusstseinsforscher António R. Damásio fand heraus, dass es sich in verschiedene Bereiche untergliedern lässt, welche sich je nach Inanspruchnahme ausbilden[26]. Dadurch verdeutlichte er uns, dass Handlungen und Erlebnisse den Menschen prägen und ihn somit zu einem einzigartigen Individuum machen. Er unterstrich seine Beschreibungen anhand zweier Texte. Zum einen gab er uns einen Auszug aus dem Buch von Lakoff/Johnson „Leben in Methapern"[27], welcher aufschlussreich beschreibt, wie die Menschen sich anhand von Methapern ihre eigene Wirklichkeit konstruieren und somit ihre eigene Persönlichkeit herausbilden. Zum anderen gab er uns einen Text von dem nigerianischen Schriftsteller Ben Okri, der genau wie der Textauszug von Lakoff/Johnson zu verstehen gibt, dass die Geschichten, die ein Mensch erlebt, ihn prägen und ihn die Welt anders sehen lassen[28].

Nachdem wir diese Zusammenhänge verstanden hatten, versuchte er uns nun das Krankheitsbild der Phobie und Angst näher zu bringen. Dazu rekonstruierte er das zuvor Gesagte anhand eines

---

[22] vgl. Anhang A
[23] vgl. Anhang B
[24] vgl. Anhang C
[25] vgl. Anhang D
[26] vgl. Anhang E
[27] vgl. Anhang F
[28] vgl. Anhang G

Beispiels und händigte uns Informationsblätter aus[29], die diese Krankheit etwas deutlicher beschreiben.

Sich diese Dinge alle klar zu machen ist wichtig, um die Arbeitsweise des Psychotherapeuten zu verstehen. Ein Psychotherapeut, der nach einem tiefenpsychologischen Ansatz arbeitet, ruft bei seinen Patienten Erinnerungen hervor, wiederholt diese, beschreibt sie in Übertragungsmustern und formuliert Beziehungsregeln. Anschließend arbeitet er dies in verschiedenen lebensgeschichtlichen Kontexten des Klienten durch[30].

5.3 Eigene Eindrücke

Die ersten Gefühle, die die junge Patientin in uns auslöste, während wir uns einander vorstellten, waren zum einen Mitleid und zum anderen das Gefühl ihr Hilfe, d.h. Schutz und Halt bieten zu müssen.

Zu Beginn des Gespräches wirkte die Patientin sehr unsicher und schüchtern. Als Herr Dr. Albers ihr jedoch Fragen stellte bzw. sie darum bat, einige Sachverhalte präziser zu beschreiben, verlor sie nach und nach die anfänglichen Hemmungen. Dennoch nahm sie anfangs noch sehr wenig Blickkontakt auf, schaute meist zu Boden und machte einen etwas melancholischen Eindruck. Die ganze Situation wirkte dadurch sehr bedrückend.

Als sie dann nach der kurzen Redepause anfing aus eigenen Stücken zu erzählen, wirkte sie schon sehr viel befreiter. Es machte den Eindruck, als hätten sie das interessierte Nachfragen und das aktive Zuhören des Arztes selbstsicherer gemacht. Dies wirkte sich positiv auf die Situation aus und lockerte die Atmosphäre nachhaltig auf. Trotz alledem wirkte die Patientin während der gesamten Sitzung nachdenklich. Sie nahm jedoch im Laufe des Gesprächs immer öfter den Blickkontakt mit dem Arzt auf, als suche sie nach Bestätigung und Verständnis in seinem Gesichtsausdruck.

In den Momenten, als der Arzt ihr die Herkunft ihrer Gefühle und die Zusammenhänge zu den auslösenden Situationen deutlich machte, erweckten ihre Gestik, Mimik und Haltung den Eindruck, als öffne sie sich förmlich den Informationen.

Jedoch änderte sich die Stimmung wieder etwas ins Melancholische, als sie von der Beziehung zu ihrer Mutter erzählte. Die Eintrübung der Stimmungslage verbesserte sich jedoch wieder, als der Arzt ihr erklärte, dass ihre Verhaltensmuster in Situationen der Hilflosigkeit auf das Verhalten der Mutter zurückzuführen sein können.

---

[29] vgl. Anhang H
[30] vgl. Anhang J

Als sie dann im weiteren Verlauf ihre „neuen" Gedankengänge hervor brachte, machte es den Eindruck, als wolle sie nun auf alles, was in ihr vorging, Erklärungen erhalten.

Bei der Frage nach den Medikamenten machte sie wieder einen sehr gefassten und ausgeglichenen Eindruck, der bei der Frage nach dem Erfolg der Psychotherapie sogar in Stolz und Selbstsicherheit überging.

6. Resümee

Im Rahmen unserer Hausarbeit wurde uns bewusst, dass es sich bei einem Erstgespräch um ein sehr komplexes Thema handelt. Dies setzt ein professionelles Handeln verbunden mit unterschiedlichsten Praxiserfahrungen voraus. Uns fiel auf, dass es in der Theorie zwar einige sinnvolle Schemata für einen optimalen Gesprächsverlauf gibt, dass es aber in der Praxis fast unmöglich ist, sich an einen solchen zu halten. Uns wurde bewusst, dass während eines individuellen Erstgespräches sehr viele Einflüsse sowie Zufälle über den gesamten Verlauf entscheiden können. Auch der Grund, der zum Eintritt in einen Beratungsprozess geführt hat, beeinflusst die soziale Beratungsarbeit entscheidend. Denn ob der Klient den Berater freiwillig oder aus Zwang aufsucht, ist entscheidend für den Erfolg des Erstgesprächs. Dennoch ist es von Vorteil, sich zumindest in einem gewissen Grad auf diese Schemata zu beziehen, um ein professionelles Handeln sowie einen erfolgreichen Aufbau und Ablauf einer Gesprächsbasis zu gewährleisten.

Anhand des in der Hausarbeit beschriebenen Falles konnten wir einige Parallelen zwischen einem Erstgespräch der sozialen Arbeit und der Psychotherapie feststellen. In der sozialen Arbeit sowie bei der Psychotherapie basiert das Erstgespräch auf denselben Verlaufsmustern. Beide Professionen verschaffen sich zunächst einen genauen Überblick über die Situation, wobei eine Vertrauensbasis entstehen soll.

Dennoch lassen sich Unterschiede feststellen, denn im weiteren Verlauf zielt die tiefenpsychologisch orientierte Psychotherapie auf die Änderung der Persönlichkeit ab. Dies geschieht durch das Hervorrufen von Erinnerungen und das Bewusstmachen lebensgeschichtlicher Kontexte. Bei der sozialen Beratung hingegen wird auf schon vorhandenen Fähigkeiten und Ressourcen aufgebaut, um die Situation des Klienten zu verändern und sein Problem zu bewältigen.

Es lässt sich also festhalten, dass ein gut organisiertes und professionell durchgeführtes Erstgespräch für den Erfolg und weiteren Verlauf der sozialen Beratung sowie der

Psychotherapie unerlässlich ist. So ist es zum Beispiel für einen außenstehenden Beobachter nicht erkennbar, dass es sich bei dem Gespräch tatsächlich um ein Erstgespräch handelt. Dies verdeutlicht, wie schnell es - im Optimalfall - dem Berater gelingen kann, einen Zugang zu dem Klienten zu finden.

Jedoch sollen die Probleme und Schwierigkeiten, die bei der ersten Begegnung auftreten können, nicht unbeachtet bleiben. Zwar kann diesen durch professionelles Handeln entgegengewirkt werden, jedoch sollte man sich bewusst machen, dass auch Sozialarbeiter Menschen sind, die ihren Wahrnehmungen und ihren Gefühlen ausgesetzt sind. Professionalität und Kompetenz entscheiden dann, wie der Sozialarbeiter mit dieser Gegebenheit umgehen wird.

Konnte jedoch eine Vertrauensbasis zu dem Klienten aufgebaut und ein Erstgespräch erfolgreich durchgeführt werden, steht einer erfolgreichen Weiterbehandlung nicht mehr viel im Weg. Denn ohne ein gutes Erstgespräch ist auch keine erfolgreiche Weiterbehandlung möglich.

Literaturverzeichnis:

Ansen, Harald: *Soziale Beratung bei Armut*, München 2006

Deutscher Verein für öffentliche und private Fürsorge (Hrsg.): *Fachlexikon der sozialen Arbeit*, Frankfurt am Main 2002, 5.Auflage

Kähler, Harro Dietrich: *Erstgespräche in der sozialen Einzelhilfe*, Freiberg im Breisgau 2001

Nicholds, Elizabeth: *Praxis sozialer Einzelhilfe/Berufsbegleitende Schulung durch die Dienststelle*, Freiburg im Breisgau 1970

Pantucek, Peter: *Skriptum Bundesakademie für Sozialarbeit St. Pölten*, 1998 (Dieses Skript wurde uns von Hr. Pantucek als Emailanhang zur Verfügung gestellt.)

Sickendiek/Engel/Nestmann: *Beratung, Eine Einführung in sozialpädagogische und psychosoziale Beratungsansätze*, Weinheim und München 2002, 2.Auflage

Internetquellen:

www.einzelfallhilfe.net/einzelfallhilfe.php (10.07.2008)
www.sing-lang.uni-hamburg.de/projekte/slex/seitenDVD/konzepte/251/L5103.htm (08.07.2008)